De:
Para:

A mis queridos nietos Emily, Thomas, Tabitha y Constance

Pam Brown

Otros minilibros de la serie REGALO DE AMOR:

PARA UNA MADRE MUY ESPECIAL
PARA UNA HIJA MUY ESPECIAL
PARA UNA AMISTAD MUY ESPECIAL
FELIZ ANIVERSARIO
BIENVENIDO NUEVO BEBÉ
TE DESEO MUCHA FELICIDAD
FELIZ NAVIDAD

Título del original inglés:
TO A VERY SPECIAL GRANDMOTHER

Traducido por:
GUILLERMO SOLANA

Editado por Helen Exley
Ilustraciones de Juliette Clarke
Texto de Pam Brown

ISBN: 84-7640-826-9

Para una ABUELA *muy especial*

Recuerda simplemente que una abuela es el mejor privilegio de un niño.

EDAF

Las abuelas saben guardar un
secreto mejor que nadie.

* * *

Las abuelas traen en sus
bolsas de la compra
Paquetes Muy Interesantes.

* * *

Por dentro, las abuelas
tienen unos veinte años.
A veces seis.

* * *

Las abuelas no se limitan a decir
"qué bien". Retroceden,
ponen los ojos en blanco,
alzan los brazos y sonríen.
Siempre conseguirás de ellas
lo mejor.

* * *

¿QUÉ ES UNA ABUELA?

Las abuelas son las personas a quienes encanta oír por teléfono la respiración de un bebé.

* * *

Las abuelas son tan mullidas como un colchón de plumas.

* * *

Las abuelas comen todo lo que cocinas y dicen que es delicioso, aunque tenga grumos y te haya salido horriblemente grasiento. Creo que poseen estómagos especiales.

* * *

A las abuelas les gusta sentarse en el suelo a jugar, pero les cuesta mucho trabajo levantarse.

* * *

Las abuelas tienen bolsos sin fondo.

* * *

Las abuelas traen flores cuando se muere tu animalito.
Y se sientan a llorar contigo.

* * *

DESCRIPCIÓN DE LAS ABUELAS

Las abuelas tienen la voz cascada pero cantan bien.

* * *

La abuela te da la primera cereza de la bolsa.

* * *

A veces la abuela corre contigo hasta
la próxima farola
...pero luego se sienta y se pone extrañamente
amarilla.

* * *

Una abuela hace como que *puedes* darle
una taza de té por teléfono.

* * *

Una abuela se interesa de verdad por
tu rana muerta.

Las abuelas tienen pies viejos y corazones jóvenes.

* * *

A todas las abuelas les gustan las cartas. Aunque sólo tengan un garabato y la huella de un dedo sucio.

* * *

Mi abuela sube bien las escaleras. Si le das tiempo y no la apremias.

* * *

Las abuelas saben cómo eran las cosas antes de que nacieras.

* * *

Las abuelas duran más que los tiranos. Por eso sobrevive el mundo.

* * *

Todo el mundo necesita una abuela.

OTRO BEBÉ AL QUE AMAR

Creí que se me había olvidado tener en brazos
a un bebé, pero mis brazos lo recuerdan.

* * *

Un día pensé que, al fin, me había librado de
la atadura de los hijos,
sus problemas, sus demandas.
Y luego sentí un leve tirón, y me vi sujeta
de nuevo por las necesidades de mis nietos.
Y por su amor.

* * *

Apenas guardaste en el desván
el último osito de peluche, tienes que subir
a recogerlo.

* * *

¿Qué se siente de abuela?
¿Un poco rara?
Parece increíble que *tu* bebé
tenga ahora a *su* bebé en el regazo.
Pero es magnífico.
Como un premio.

* * *

Esos gestos de asombro, esos chillidos de
placer, esos suspiros de deleite tanto tiempo
perdidos cuando tus hijos crecieron
y se hicieron mayores,
te vuelven de repente con tus nietos.
Y tiran de ti de una atracción a otra
manitas que parecen las mismas:
"¡Mira! ¡Mira! ¡*Ven*!"

* * *

Mamá decide en tu niñez lo que más te conviene.
La abuela decide lo que más te divierte.

* * *

ABUELAS Y NIETOS: COMPAÑEROS ESPECIALES

Abuelas y nietos viven al día.

* * *

Abuelas y nietos gustan de detenerse
a observar las mariposas y hablar con los gatos.

* * *

Cuando salen a la calle abuelas y nietos
siempre parece que traman una diablura.

* * *

Las hijas deberían hacer siempre como que no ven los guiños entre abuelas y nietos. Es mejor no saber lo que preparan.

* * *

Las abuelas pasan de tu plato al suyo
la verdura que no te gusta.

* * *

Las abuelas *están de acuerdo* con las madres,
pero consiguen cambiar un poco sus ideas.

* * *

¿QUÉ HACE UNA BUENA ABUELA?

Una buena abuela deja que le cuentes todo el argumento de la película que también ella vio anoche en la televisión. Y además revela su sorpresa.

* * *

Una abuela corriente hace como que come el caramelo que le das envuelto en pelusa. Una *buena* abuela *come* el caramelo que le das envuelto en pelusa.

* * *

A una buena abuela no le importa que subas a su cama a las dos de la mañana. Con tal de que no te muevas.

* * *

Es probable que hasta la mejor de las abuelas emplee un lenguaje totalmente inesperado cuando le pones una canción de tu grabadora a las cinco de la mañana.

Una buena abuela nunca te besa
si no quieres

* * *

Las abuelas deben saber historias.
Relatos de libros y de cuando
tu madre era pequeña.
Historias sobre su juventud.
Cosas de cuya certeza nadie
puede estar *completamente* seguro.
Historias absolutamente verdaderas, te lo
juro. Las abuelas tienen que conocer
poesías. Las abuelas deben saber el
nombre de cada planta, de cada árbol,
de cada pájaro, de cada insecto y de cada
animal, y lo curioso y lo maravilloso
de cada uno.
Las abuelas han de saber
dibujar casas, perros, gatos, madres
y padres y a TI. Y las abuelas deben
ser sensatas, cariñosas, justas
y comprensivas.

Las abuelas te enseñan los
quebrados
mejor que *nadie*.
Emplean tabletas de chocolate.
Y dejan que, cuando acabes,
te comas las sumas.

* * *

Las abuelas comprenden
que es imposible hacer
alguna tarea de la escuela,
y te demuestran
muy pronto y
con astucia que
no es en
absoluto
imposible.

LA MEJOR DE TODAS LAS MAESTRAS

Querida abuelita: Gracias por enseñarme a
hacer nudos y punto, caramelos y pan. Las
estrellas y a cuidar de los gatos.
Gracias por presentarme a Mozart,
Scott Joplin y los Beatles,
Van Gogh, Renoir y Picasso, Charlie Chaplin y
Cary Grant. Gracias por las reglas del tenis.
Cómo bailar la polka. Los huesos del cuerpo.
El póquer y el tute.
El código Morse. El semáforo.
Por qué despega un avión. Las costumbres de
las ardillas. La escala de Beaufort. La
respiración boca a boca. Amapolas y peonías
y el valor de un buen abono.
Martín Lutero King.
Cómo salir de un patinazo. Y la manera
precisa de hacer una reverencia.
Todo me será útil.
Un día u otro.

* * *

LA SORPRESA DE SER ABUELA

Convertirse en abuela es maravilloso.
Hace un momento eras simplemente
madre. Y al siguiente
eres omnisciente y prehistórica.

* * *

Prepárate. Dentro de poco, tu nieta te
preguntará por la vida cuando eras joven
para una redacción de historia.

* * *

Lista, ingeniosa, capaz y diestra. Una
dama muy impresionante. Sobre todo
cuando estás sentada en el suelo con toda
la cabeza llena de plumas.
Una esposa encantadora.
Una madre cariñosa.
Y ahora una espléndida abuela.

* * *

Cuando todo se desploma y te sientes
un trasto inútil, llegan
los nietos y te devuelven tu
juventud en una caja fantástica.
Vamos, abuela, levántate.
Empiezas de nuevo.

* * *

Las abuelas no advierten
que se han hecho viejas
hasta que sus nietos las someten
a un minucioso reconocimiento.
Tras haber observado
atentamente arrugas, manchas,
canas, venas hinchadas y
mejillas caídas, comentan muy amables:
"¿Verdad que eres *muy* vieja, abuela?"
Cuando, desde luego, ya es hora de
admitirlo.

* * *

¡EN FORMA! ¡MODERNA! ¡TAN JOVEN!

Eres todo lo que no eran las abuelas de los antiguos libros infantiles. No llevas mitones, ni chal. Apenas tienes canas. Te gustan las cosas atrevidas. Te mueres por las aventuras. Gracias a Dios.

* * *

¿No te dijo alguien que se suponía que una abuela tenía que ser *vieja*? Evidentemente, *no*.

* * *

Nadie se divierte tanto como una abuela en un tobogán.

* * *

Los nietos piensan que es raro que las abuelas
tengan piel y huesos tan viejos cuando,
evidentemente, por dentro son de la misma edad
que ellos.

* * *

¿Quién de nuestra familia supera a los demás
cuando se trata
de andar, hablar, cocinar, hacer cualquier cosa o
querer? La abuela.

* * *

En ti tenemos el Nuevo Modelo Lujoso y
Perfeccionado de abuela. El mismo corazón que las
antiguas, pero con mejor diseño y tan cariñosa.

* * *

Es increíble que, de la mañana a la noche, una
dama madura
aprenda a sentarse en el suelo con las piernas
cruzadas,
a tocar un tambor de hojalata, graznar como un
pato, cantar
villancicos, hacer flores de papel,
dibujar cerditos y coser las orejas
de ositos de peluche gravemente dañados.

* * *

Es difícil ser abuela. Se llega a ese nivel cuando una ha alcanzado una cierta perspectiva de su propia vida y se ha enfrentado por fin con sus fallos y fracasos. Y ha de observar que la vida de su descendencia rebosa también de fallos y fracasos, y no entrometerse. Simplemente estar allí. Tan sólo para brindar lo que ha aprendido. Serenamente y sin imponerse.

* * *

ABUELAS Y MADRES

Supongo que una abuela victoriana observaba
cómo atendía su hija a su primer bebé
y se mordía la lengua, confiando en que
supiera lo que hacía.
Y una abuela de la Edad Media.
Y en los tiempos de Maricastaña. Y cuando
esa dama vestía pieles apestosas
y lucía un collar de dientes.
Las aves se arreglan muy bien, haciendo lo que
hicieron generaciones anteriores, sin que ronde
cerca ninguna abuela con plumas. Imagino que es
parte del precio de ser humano...
Así que pasen cuarenta años,
esta cría ocupará mi puesto
y observará a su *hija* con igual miramiento
y también con cierta alarma.

* * *

Los padres están a veces convencidos de que los nietos no son simplemente Difíciles, sino Imposibles. Ayuda mucho que la abuela les recuerde cuán Difíciles e Imposibles eran *ellos*.

* * *

GRACIAS, ABUELA

Gracias por el momento en que fuiste tan comprensiva acerca de esa horrible escuela nueva, aunque recordaste sin decirlo que lo mismo me pareció la anterior. Gracias por ponerte de mi lado cuando te conté todo lo de esa espantosa compañera... aunque jamás llegaste a conocerla. Gracias por decirme que odiabas la calabaza y las espinacas cuando tenías mi edad. Gracias por ayudarme a dar un buen entierro al pez del acuario. Gracias por convencer a mis padres de que realmente *superaría* Aquello.

* * *

Queridísima abuela: Gracias por mostrarme que soy vital para la raza humana. Gracias por enseñarme que los antepasados eran personas como yo y que todo el mundo está emparentado. Gracias por ser mi abuela y mi mejor amiga.

* * *

Gracias, abuela, por no exigir que
sea siempre sensata.

* * *

Gracias por lograr que *todos* sintamos
que tenemos un valor especial.

* * *

La abuela escucha cuando nadie
prestaría atención

* * *

Las abuelas están dispuestas a decir:
"No importa, cariño, ya se te pasará.
De verdad."

* * *

Lo que hace a una abuela tan especial
es que siempre está allí por nosotros.
Siempre.

* * *

SABIA Y CARIÑOSA

Las abuelas vienen en docenas de formas,
racimos de arrugas, idiomas, vestidos, pieles
y grados diversos de envejecimiento.
Pero siempre tienen exactamente
el mismo amor en el centro.

* * *

Las abuelas se dan mucha maña para
recoger los pedazos de algo roto y que no parece
tener arreglo. Y lo arreglan.

* * *

Las abuelas saben lo que es seguir adelante, crear
un hogar y dar a los chicos un empujón en la vida.
Las abuelas deciden lo que es importante
y lo que no lo es.
Las abuelas te dan un sentido
de la proporción.

* * *

Querida abuela, desearía tener tu sonrisa cordial
y tus manos cariñosas.
Me gustaría tener tu fortaleza.

* * *

Deseo que en el mundo cada niño asustado, solitario, enfermo o desconcertado tenga una abuela hacia la que correr.

* * *

Quiero, abuela, tener tus manos en las mías.
Me devuelven al tiempo anterior a mi llegada.
Me protegen del mundo de afuera.
Me hacen saber que valgo *mucho*.

La abuela tiene en su cabeza un mundo que nunca conociste. Ahora te lo entrega para que lo guardes con tus propios recuerdos, y para que, a su vez, lo entregues a *tus* nietos. Trátalo con cuidado.

* * *

"Amar y ser amado", dicen las abuelas. "Aprende a hacer unas pocas cosas bastante bien para satisfacer tu corazón, observa en torno de ti, escucha. Es muy breve nuestra estancia aquí."

* * *

Eres fuente de relatos. Eres el vínculo con el pasado. Viste, oíste y tocaste cosas desaparecidas antes de que mi madre, mi padre y yo existiéramos.
Vienes de un mundo hace ya tiempo ido,
un mundo tan familiar a ti como
éste lo es a mí. Me das tu vida
como regalo. La sabré guardar.
Se la daré a mis hijos. Y ellos a los suyos.

* * *